山海经

高山 编著

（第六册）

光明日报出版社

第十二卷　海内北经

西王母

【经文】

《海内北经》：海内西北陬以东者。蛇巫之山，上有人操柸而东向立。一曰龟山。西王母梯几而戴胜杖，其南有三青鸟，为西王母取食。（郭璞注：又有三足乌主给使。）在昆仑虚比。

明·蒋应镐绘图本

清·四川成或因绘图本

三足乌

【经文】

《海内北经》：西王母梯几而戴胜，其南有三青鸟，为西王母取食。（郭璞注：又有三足乌〈乌〉主给使。）在昆仑虚北。

①

②

三足乌

①河南南阳唐河汉墓汉画像石

②北京石景山八角村魏晋墓出土

明·蒋应镐绘图本

犬戎国

【经文】

《海内北经》：其东有犬封国。犬封国曰犬戎国，状如犬。有一女子，方跪进柸食。

明·蒋应镐绘图本

清·四川成或因绘图本

清·汪绂图本

清《边裔典》

吉量

【经文】

《海内北经》：犬戎国有文马，缟身朱鬣，目若黄金，名曰吉量，乘之寿千岁。

明·蒋应镐绘图本

清·四川成或因绘图本

鬼国

【经文】

《海内北经》：鬼国在贰负之尸北，为物人面而一目。

明·蒋应镐绘图本

清·四川成或因绘图本

清《边裔典》

贰负神

【经文】

《海内北经》: 鬼国在贰负之尸北，一曰贰负神在其东，为物人面蛇身。

明 · 蒋应镐绘图本

清《神异典》

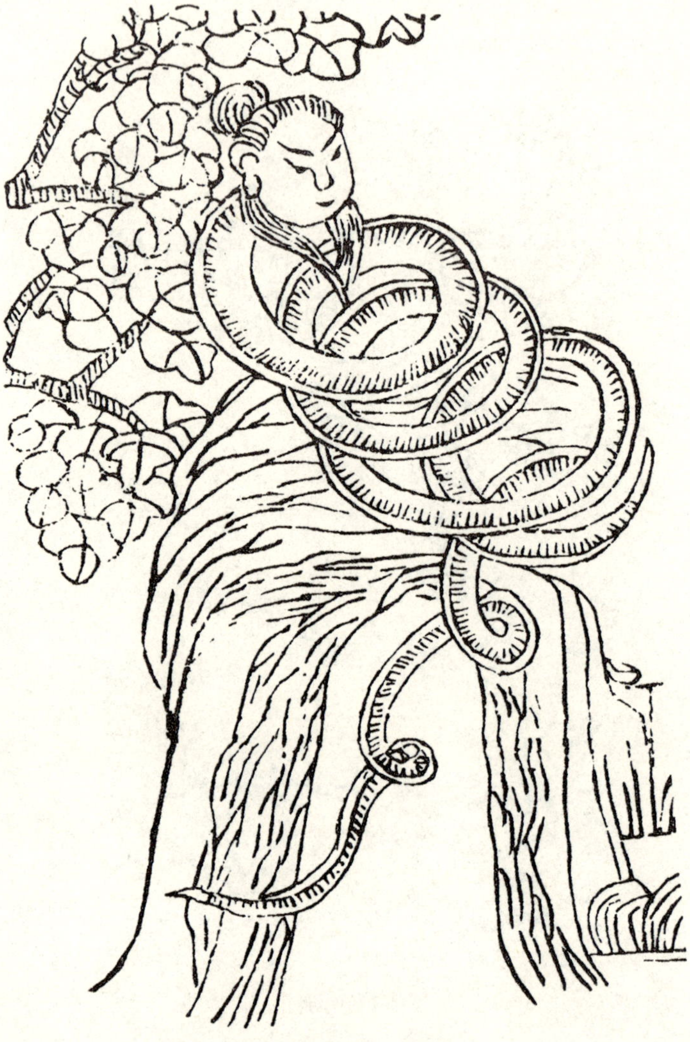

清·四川成或因绘图本

蜪犬

【经文】

《海内北经》：蜪犬如犬，青，食人从首始。

明·蒋应镐绘图本

清·四川成或因绘图本

穷奇

【经文】

《海内北经》：穷奇状如虎，有翼，食人从首始，所食被发，在蜪犬北。一曰从足。

有翼虎穷奇　河南南阳汉画像石

明·蒋应镐绘图本

清·四川成或因绘图本

大螽（大蜂）

【经文】

《海内北经》：大螽，其状如蜂。

明·蒋应镐绘图本

阘非

【经文】

《海内北经》：阘非，人面而兽身，青色。

明·蒋应镐绘图本

清·四川成或因绘图本

据比尸

【经文】

《海内北经》：据比之尸，其为人折颈被发，无一手。

据北之尸

明初《永乐大典》卷九一〇

明·蒋应镐绘图本

清·四川成或因绘图本

环狗

【经文】

《海内北经》：环狗，其为人兽首人身。一曰蝟状如狗，黄色。

清·四川成或因绘图本

明·蒋应镐绘图本

清·汪绂图本

袜

【经文】

《海内北经》：袜，其为物人身、黑首、从目。

明·蒋应镐绘图本

清·四川成或因绘图本

𫉬

清·汪绂图本

戎

【经文】

《海内北经》：戎，其为人人首三角。

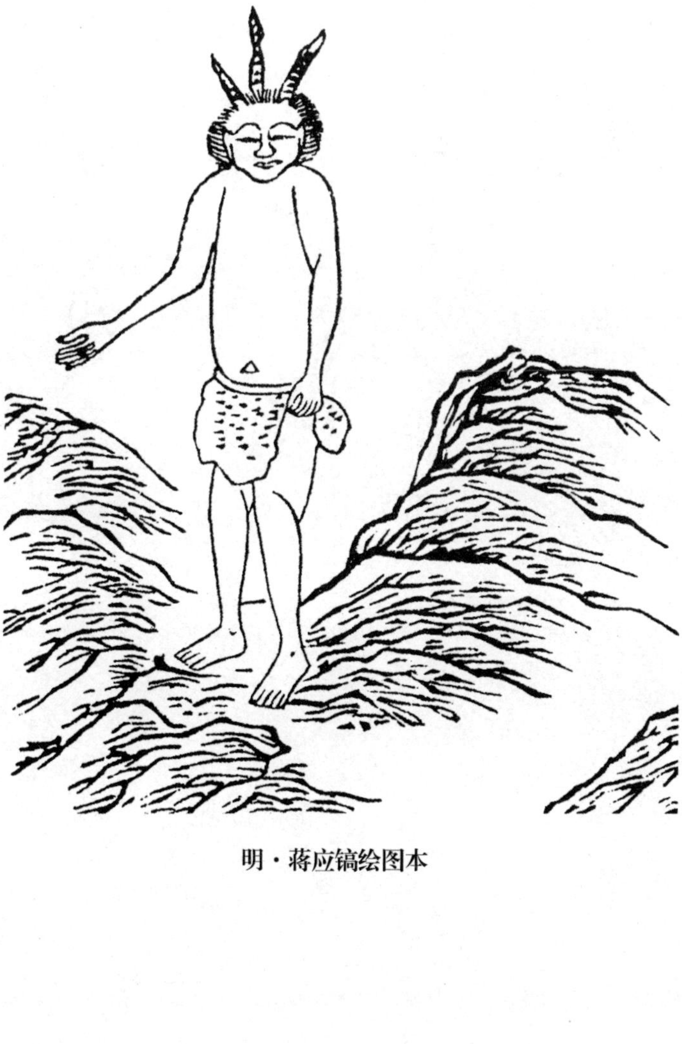

明 · 蒋应镐绘图本

清·四川成或因绘图本

清·汪绂图本

驺吾

【经文】

《海内北经》：林氏国有珍兽，大若虎，五采毕具，尾长于身，名曰驺吾，乘之日行千里。

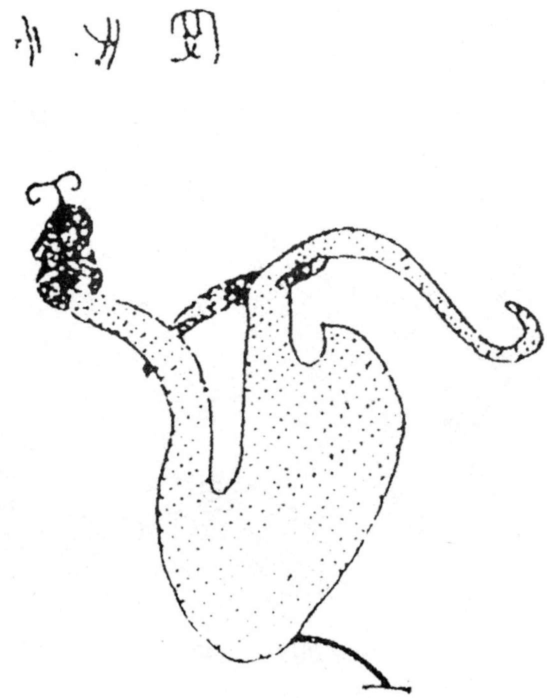

楚帛书十二月神图

明·蒋应镐绘图本

清·四川成或因绘图本

騶虞

明·胡文焕图本

日本图本

清・吴任臣近文堂图本

清·汪绂图本

清《禽虫典》

冰夷(河伯)

【经文】

《海内北经》:从极之渊,深三百仞,维冰夷恒都焉。冰夷人面,乘两龙。一曰忠极之渊。

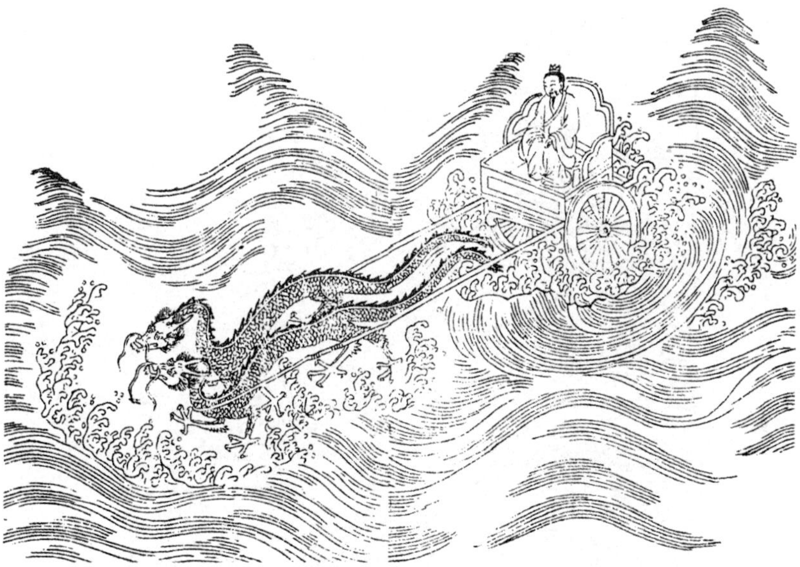

明·蒋应镐绘图本

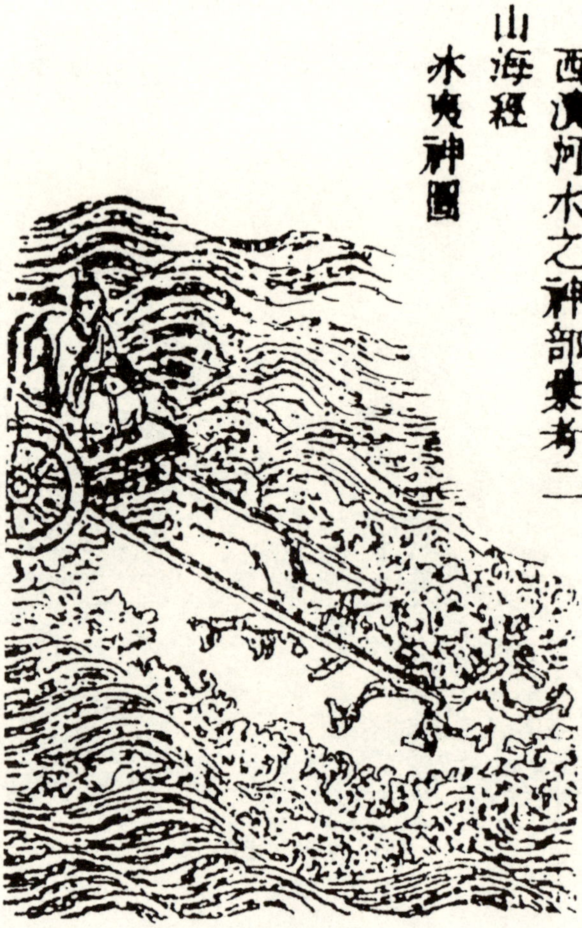

清《神异典》

列姑射山

【经文】

《海内北经》：列姑射在海河州中。姑射国在海中，属列姑射，西南，山环之。

明 · 蒋应镐绘图本

大蟹

【经文】

《海内北经》：姑射国在海中，属列姑射，西南，山环之。大蟹在海中。

明 · 蒋应镐绘图本

清·汪绂图本

陵鱼

【经文】

《海内北经》：姑射国在海中，属列姑射。陵鱼人面，手足，鱼身，在海中。

清《禽虫典》

清・吴任臣康熙图本

清・汪绂图本

明·蒋应镐绘图本

蓬莱山

【经文】

《海内北经》：蓬莱山在海中。

明・蒋应镐绘图本

第十三卷　海内东经

雷神

【经文】

《海内东经》：雷泽中有雷神，龙身而人头，鼓其腹则雷（‘则雷’二字原无，系袁珂从《史记·五帝本纪》正义引补）。在吴西。

明·蒋应镐绘图本

清・吴任臣近文堂图本

清·四川成或因绘图本

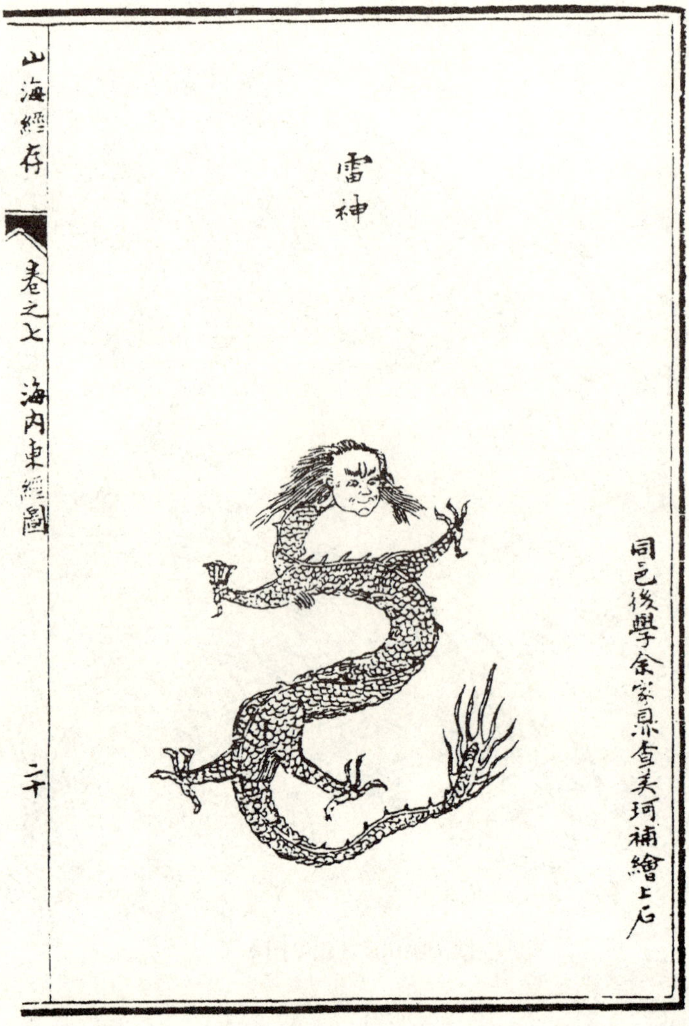

清・汪绂图本

四蛇

【经文】

《海内东经》：汉水出鲋鱼之山，帝颛顼葬于阳，九嫔葬于阴，四蛇卫之。

明·蒋应镐绘图本

清·四川成或因绘图本

第十四卷　大荒东经

小人国

【经文】

《大荒东经》：东海之外，大荒之中，有小人国，名靖人。

明·蒋应镐绘图本

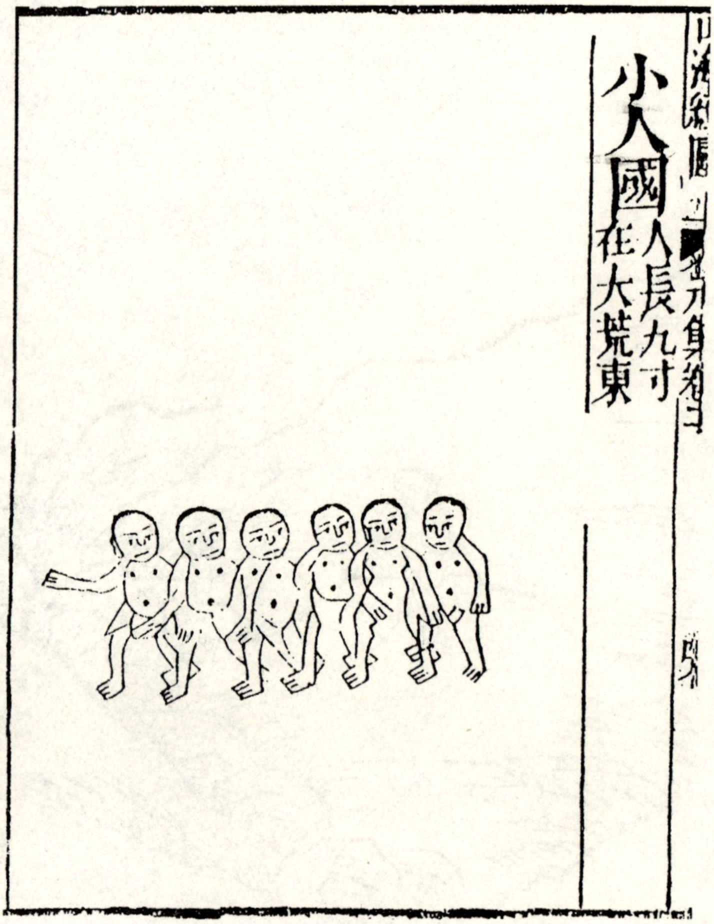

清・吴任臣近文堂图本

清·四川成或因绘图本

小人

清·汪绂图本

清《边裔典》

上海锦章图本

犂䰠之尸

【经文】

《大荒东经》：有神，人面兽身，名曰犂䰠之尸。

明·蒋应镐绘图本

清《神异典》

清·四川成或因绘图本

清·汪绂图本

折丹

【经文】

《大荒东经》：大荒之中，有神（‘有神’二字原无，系袁珂据郝懿行注增补）名曰折丹——东方曰折，来风曰俊——处东极以出入风。

清·汪绂图本

禺虢

【经文】

《大荒东经》：东海之渚中，有神，人面鸟身，珥两黄蛇，名曰禺虢。黄帝生禺虢，禺虢生禺京，禺京处北海，禺虢处东海，是惟海神。

清·汪绂图本

王亥

【经文】

《大荒东经》：有因民国，勾姓，黍食（原为‘困民国’、‘而食’，袁珂校改）。有人曰王亥，两手操鸟，方食其头。王亥托于有易、河伯仆牛。有易杀王亥，取仆牛。河伯念有易，有易潜出，为国于兽，方食之，名曰摇民。帝舜生戏，戏生摇民。

清《边裔典》

明·蒋应镐绘图本

清·汪绂图本

五采鸟

【经文】

《大荒东经》：大荒之中，有五采之鸟，相乡弃沙，惟帝俊下友。帝下两坛，采鸟是司。

明 · 蒋应镐绘图本

清·四川成或因绘图本

清·汪绂图本

鹓

【经文】

《大荒东经》：东北海外，有女和月母之国。有人名曰鹓，北方曰狁，来（之）风曰狁，是处东北（原为“极”，袁珂据文义校改）隅，以止日月，使无相间出没，司其短长。

清 · 汪绂图本

应龙

【经文】

《大荒东经》：大荒东北隅中，有山名曰凶犁土丘。应龙处南极，杀蚩尤与夸父，不得复上。故下数旱，旱而为应龙之状，乃得大雨。

明·蒋应镐绘图本

应龙

明·胡文焕图本

清《神异典》

清·汪绂图本

夔

【经文】

《大荒东经》：东海中有流波山，入海七千里。其上有兽，状如牛，苍身而无角，一足，出入水则必风雨，其光如日月，其声如雷，其名曰夔。黄帝得之，以其皮为鼓，橛以雷兽之骨，声闻五百里，以威天下。

明·蒋应镐绘图本

夔

明·胡文焕图本

清·吴任臣康熙图本

清・汪绂图本

清·四川成或因绘图本

第十五卷　大荒南经

跊踢

【经文】

《大荒南经》：南海之外，赤水之西，流沙之东，有兽，左右有首，名曰跊踢。

明·蒋应镐绘图本

清・吴任臣近文堂图本

清·汪绂图本

清·四川成或因绘图本

清《禽虫典》

双双

【经文】

《大荒南经》：南海之外，赤水之西，流沙之东，有三青兽（汪绂本作“三青鸟”）相并，名曰双双。

明·蒋应镐绘图本

清《禽虫典》

清·吴任臣康熙图本

上海锦章图本

清·四川成或因绘图本

玄蛇

【经文】

《大荒南经》: 黑水之南，有玄蛇（汪绂本作元蛇），食麈。有巫山者，西有黄鸟。帝药，八斋。黄鸟于巫山，司此玄蛇。

明·蒋应镐绘图本

麈

【经文】

《大荒南经》：有荣山，荣水出焉。黑水之南，有玄蛇，食麈。

明·蒋应镐绘图本

清·四川成或因绘图本

黄鸟

【经文】

《大荒南经》：有巫山者，西有黄鸟。帝药，八斋。黄鸟于巫山，司此玄蛇。

清·汪绂图本

卵民国

【经文】

《大荒南经》：有卵民之国，其民皆生卵。

清《边裔典》

盈民国

【经文】

《大荒南经》：大荒之中，有盈民之国，於姓，黍食。又有人方食木叶。

清・汪绂图本

不廷胡余

【经文】

《大荒南经》：南海渚中，有神，人面，珥两青蛇，践两赤蛇，曰不廷胡余。

明·蒋应镐绘图本

清《神异典》

清・四川成或因绘图本

清·汪绂图本

因因乎

【经文】

《大荒南经》：有神名曰因因乎，南方曰因乎，来（原作夸，袁珂据其他三方风神句例改）风曰乎民，处南极以出入风。

清·汪绂图本

季厘国

【经文】

《大荒南经》：有襄山。又有重阴之山。有人食兽，曰季厘。帝俊生季厘，故曰季厘之国。

清·汪绂图本

蜮民国

【经文】

《大荒南经》：有蜮山者，有蜮民之国，桑姓，食黍，射蜮是食。有人方扜弓射黄蛇，名曰蜮人。

清《边裔典》

清·四川成或因绘图本

清・汪绂图本

育蛇

【经文】

《大荒南经》: 有宋山者，有赤蛇，名曰育蛇，有木生山上，名曰枫木。枫木，蚩尤所弃其桎梏，是为枫木。

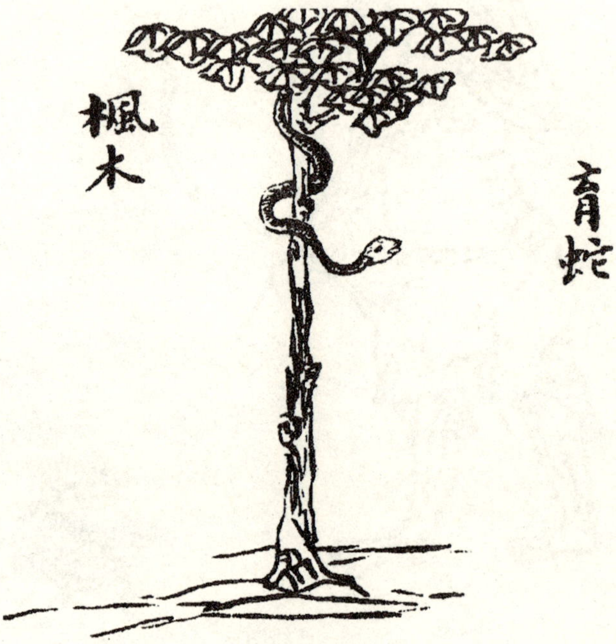

清·汪绂图本

祖状之尸

【经文】

《大荒南经》：有人方齿虎尾，名曰祖状之尸。

明 · 蒋应镐绘图本

清·四川成或因绘图本

清·汪绂图本

焦侥国

【经文】

《大荒南经》：有小人，名曰焦侥之国，幾姓，嘉谷是食。

明·蒋应镐绘图本

张弘国

【经文】

《大荒南经》：有人名曰张弘，在海上捕鱼。海中有张弘之国，食鱼，使四鸟。

清・四川成或因绘图本

清《边裔典》

羲和浴日

【经文】

《大荒南经》：东（原有南字，袁珂据《太平御览》引删）海之外，甘水之间，有羲和之国。有女子名曰羲和，方浴日（原作“日浴”，袁珂从宋本改）于甘渊。羲和者，帝俊之妻，生十日。

清《边裔典》

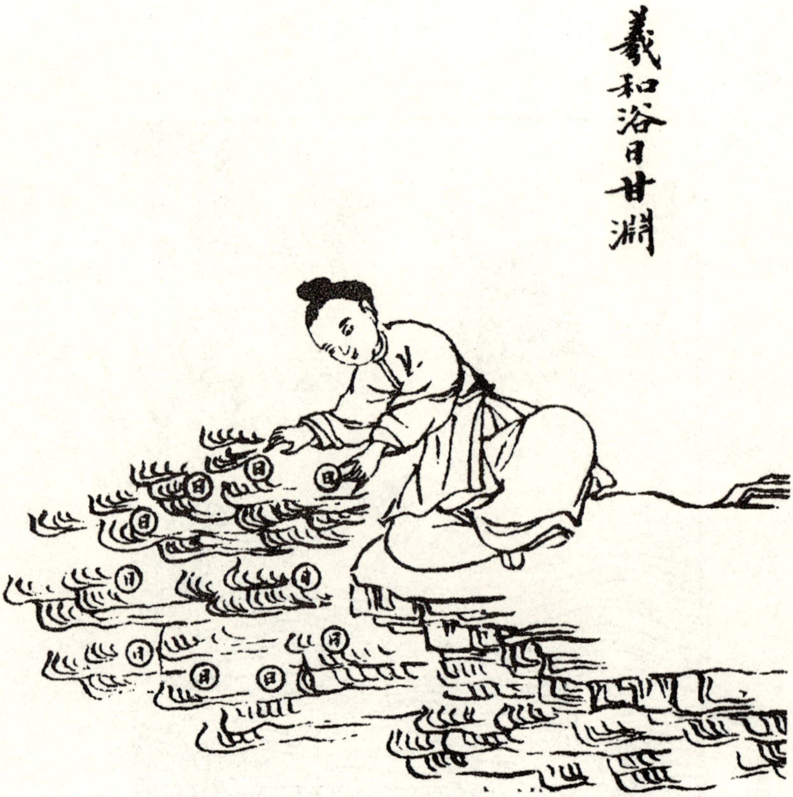

清 · 汪绂图本

菌人

【经文】

《大荒南经》：有小人，名曰菌人。

清·汪绂图本

第十六卷　大荒西经

女娲

【经文】

《大荒西经》：有神十人，名曰女娲之肠，化为神，处栗广之野，横道而处。

明·蒋应镐绘图本

清·四川成或因绘图本

清《神异典》

清·汪绂图本

石夷

【经文】

《大荒西经》：有人名曰石夷，来风曰韦，处西北隅以司日月之长短。

清·汪绂图本

狂鸟

【经文】

《大荒西经》：有五采之鸟，有冠，名曰狂鸟。

明·蒋应镐绘图本

清 · 四川成或因绘图本

清 · 汪绂图本

北狄之国

【经文】

《大荒西经》：有北狄之国。黄帝之孙曰始均，始均生北狄。

清·汪绂图本

太子长琴

【经文】

《大荒西经》：有芒山。有桂山。有榣山。其上有人，号曰太子长琴。颛顼生老童，老童生祝融，祝融生太子长琴，是处榣山，始作乐风。

清 · 汪绂图本

十巫

【经文】

《大荒西经》：大荒之中，有灵山。巫咸、巫即、巫盼、巫彭、巫姑、巫真、巫礼、巫抵、巫谢、巫罗十巫，从此升降，百药爰在。

清・汪绂图本

鸣鸟

【经文】

《大荒西经》：有弇州之山，五采之鸟仰天，名曰鸣鸟。爰有百乐歌儛侥之风。

清·汪绂图本

弇兹

【经文】

《大荒西经》：西海陼中，有神，人面鸟身，珥两青蛇，践两赤蛇，名曰弇兹。

明·蒋应镐绘图本

清·四川成或因绘图本

清·汪绂图本

嘘

【经文】

《大荒西经》：大荒之中，有山名曰日月山，天枢也。吴姖天门，日月所入。有神，人面无臂，两足反属于头上（原作山，袁珂从郝本等校改），名曰嘘。颛顼生老童，老童生重及黎，帝令重献于天，令黎卬下地，下地是生噎，处于西极，以行日月星辰之行次。

明 · 蒋应镐绘图本

清《神异典》

清·四川成或因绘图本

清·汪绂图本

天虞

【经文】

《大荒西经》：有人反臂，名曰天虞。

清 · 汪绂图本

常羲浴月

【经文】

《大荒西经》：有女子方浴月。帝俊妻常羲，生月十二，此始浴之。

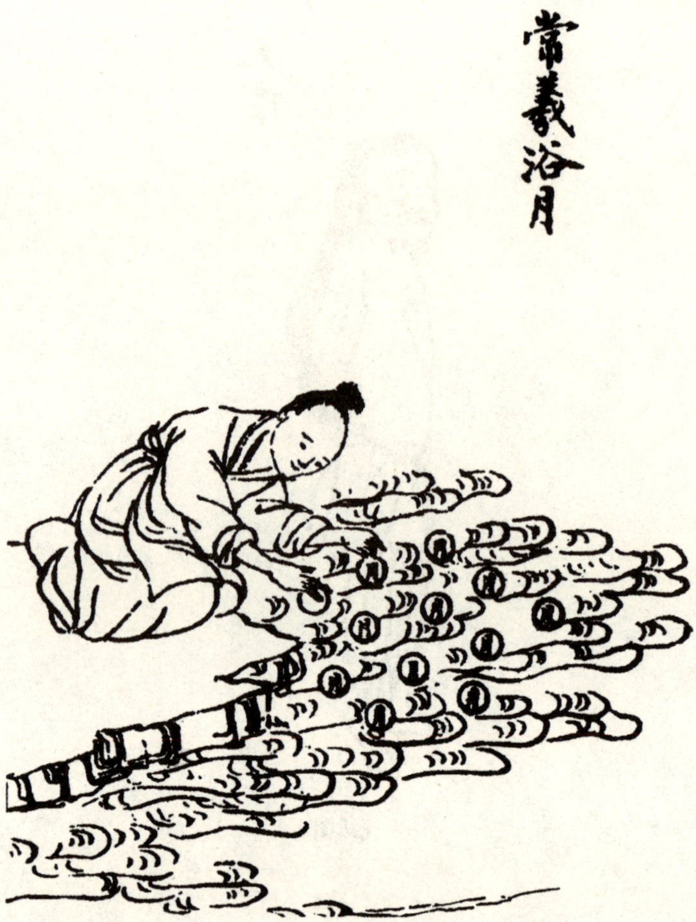

清·汪绂图本

五色鸟

【经文】

《大荒西经》: 有玄丹之山。有五色之鸟，人面有发。爰有青鸾、黄鷔，青鸟、黄鸟，其所集者其国亡。

明 · 蒋应镐绘图本

清·四川成或因绘图本

清·汪绂图本

屏蓬

【经文】

《大荒西经》：有兽，左右有首，名曰屏蓬。

明·蒋应镐绘图本

清·四川成或因绘图本

清・汪绂图本

白鸟

【经文】

《大荒西经》：有巫山者，有白鸟，青翼，黄尾，玄喙。

清·汪绂图本

天犬

【经文】

《大荒西经》：有巫山者，有赤犬，名曰天犬，其所下者有兵。

明 · 胡文焕图本

清 · 汪绂图本

清·四川成或因绘图本

明·蒋应镐绘图本

人面虎身神（昆仑神）

【经文】

《大荒西经》：西海之南，流沙之滨，赤水之后，黑水之前，有大山，名曰昆仑之丘。有神——人面虎身，文尾（原作“有文有尾”，袁珂据《太平御览》引校改）皆白——处之。

清·四川成或因绘图本

清·汪绂图本

寿麻

【经文】

《大荒西经》：有寿麻之国，南岳娶州山女，名曰女虔。女虔生季格，季格生寿麻。寿麻正立无景，疾呼无响。爰有大暑，不可以往。

清·汪绂图本

夏耕尸

【经文】

《大荒西经》：有人无首，操戈盾立，名曰夏耕之尸。故成汤伐夏桀于章山，克之，斩耕厥前。耕既立，无首，乘厥咎，乃降于巫山。

明·蒋应镐绘图本

清·汪绂图本

清・四川成或因绘图本

三面人

【经文】

《大荒西经》：大荒之中，有山名曰大荒之山，日月所入。有人焉三面，是颛顼之子，三面一臂，三面之人不死，是谓大荒之野。

明·蒋应镐绘图本

清·吴任臣近文堂图本

清·汪绂图本

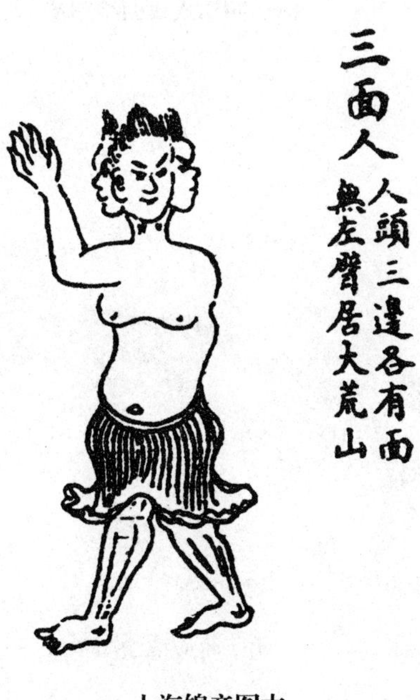

上海锦章图本

夏后开

【经文】

《大荒西经》：西南海之外，赤水之南，流沙之西，有人珥两青蛇，乘两龙，名曰夏后开。开上三嫔于天，得《九辩》与《九歌》以下。此天穆之野，高二千仞，开焉得始歌《九招》。

清 · 四川成或因绘图本

明 · 蒋应镐绘图本

互人

【经文】

《大荒西经》：有互人之国。炎帝之孙，名曰灵恝。灵恝生互人，是能上下于天。

清·汪绂图本

鱼妇

【经文】

《大荒西经》：有鱼偏枯，名曰鱼妇。颛顼死即复苏。风道北来，天乃大水泉，蛇乃化为鱼，是为鱼妇。颛顼死即复苏。

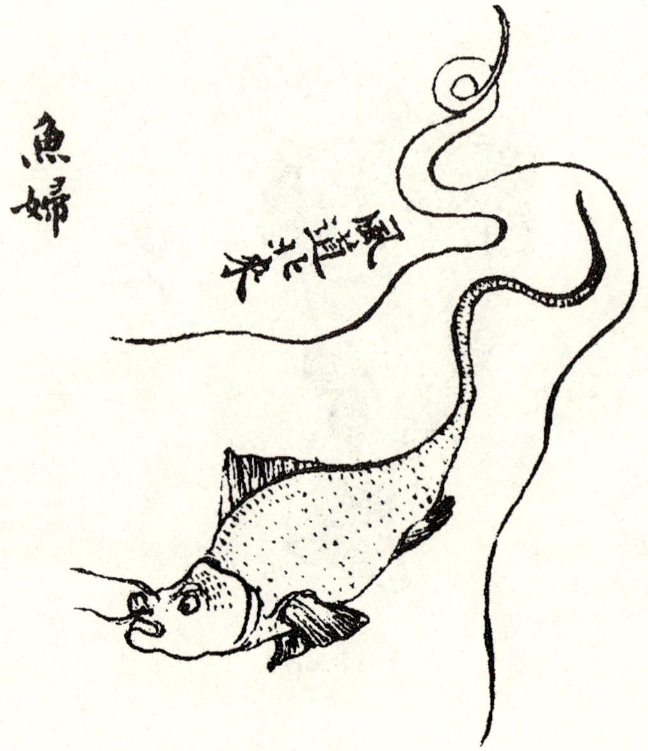

清·汪绂图本

鸀鸟

【经文】

《大荒西经》：有互人之国，有青鸟，身黄，赤足，六首，名曰鸀鸟。

明・蒋应镐绘图本

清・吴任臣康熙图本

清·汪绂图本

清《禽虫典》

清·四川成或因绘图本

第十七卷　大荒北经

蜚蛭

【经文】

《大荒北经》：大荒之中，有山，名曰不咸。有蜚蛭，四翼。

清·汪绂图本

琴虫

【经文】

《大荒北经》：大荒之中，有山，名曰不咸。有虫，兽首蛇身，名曰琴虫。

清 · 四川成或因绘图本

清 · 汪绂图本

猎猎

【经文】

《大荒北经》：大荒之中，有山名曰衡天。有先民之山。有黑虫如熊状，名曰猎猎。

清·汪绂图本

清《禽虫典》

儋耳国

【经文】

《大荒北经》：有儋耳之国，任姓，禺号（猇）子，食谷。

明·蒋应镐绘图本

禺强

【经文】

《大荒北经》：北海之渚中，有神，人面鸟身，珥两青蛇，践两赤蛇，名曰禺强。

明·蒋应镐绘图本

九凤

【经文】

《大荒北经》：大荒之中，有山名曰北极天柜，海水北注焉。有神，九首人面鸟身，名曰九凤。

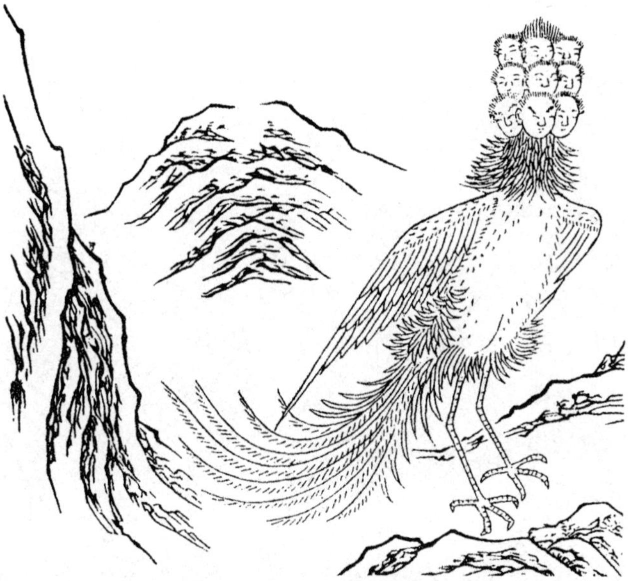

明·蒋应镐绘图本

清·四川成或因绘图本

九鳳

清·汪绂图本

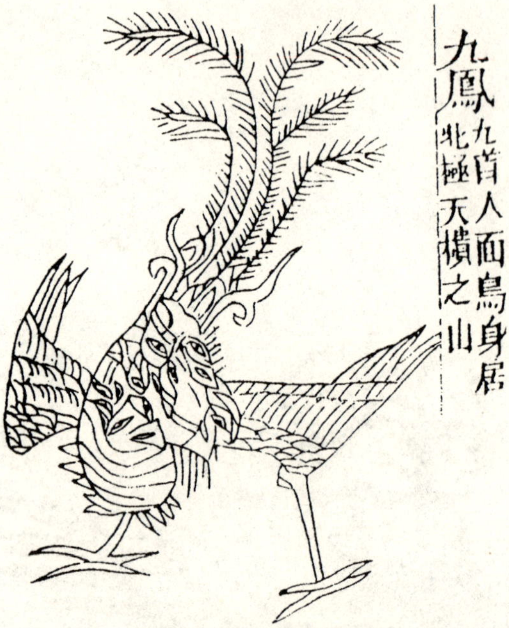

清・吴任臣近文堂图本

上海锦章图本

强良

【经文】

《大荒北经》：大荒之中，有山名曰北极天柜，海水北注焉。有神，名曰九凤。又有神衔蛇操蛇，其状虎首人身，四蹄长肘，名曰强良。

明·蒋应镐绘图本

清・四川成或因绘图本

清·汪绂图本

明·胡文焕图本

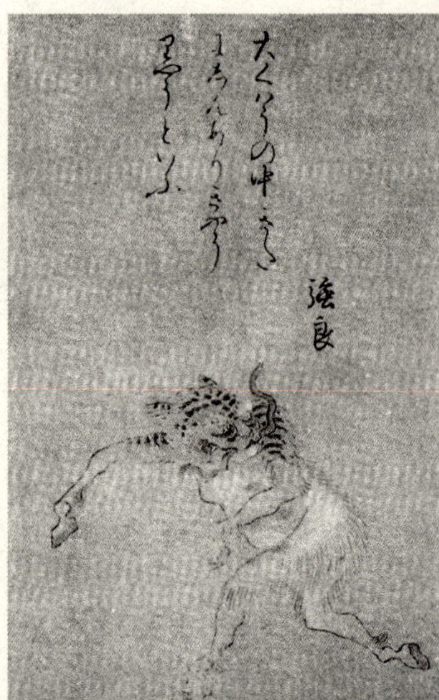

日本图本

清・吴任臣康熙图本

上海锦章图本

黄帝女魃

【经文】

《大荒北经》：大荒之中，有山名不句，海水北入焉。有系昆之山者，有共工之台，射者不敢北乡。有人衣青衣，名曰黄帝女魃。蚩尤作兵伐黄帝。黄帝乃令应龙攻之冀州之野。应龙畜水，蚩尤请风伯雨师，纵大风雨。黄帝乃下天女曰魃。雨止，遂杀蚩尤。魃不得复上，所居不雨。叔均言之帝，后置之赤水之北。叔均乃为田祖。魃时亡之。所欲逐之者，令曰："神北行！"先除水道，决通沟渎。

清·汪绂图本

蚩尤

【经文】

《大荒北经》：蚩尤作兵伐黄帝，黄帝乃令应龙攻之冀州之野，应龙畜水，蚩尤请风伯雨师，纵大风雨，黄帝乃下天女曰魃，雨止，遂杀蚩尤。

清·汪绂图本

赤水女子魃

【经文】

《大荒北经》：有钟山者，有女子衣青衣，名曰赤水女子魃。

明·蒋应镐绘图本

清·四川成或因绘图本

清·汪绂图本

犬戎

【经文】

《大荒北经》：大荒之中，有山名曰融父山，顺水入焉。有人名曰犬戎。黄帝生苗龙，苗龙生融吾，融吾生弄明，弄明生白犬，白犬有牝牡，是为犬戎，肉食。有犬戎国，有人（原作神，袁珂从郝懿行校改），人面兽身，名曰犬戎。

明·蒋应镐绘图本

清·四川成或因绘图本

戎宣王尸

【经文】

《大荒北经》：大荒之中，有山名曰融父山，顺水入焉。有人名曰犬戎。黄帝生苗龙，苗龙生融吾，融吾生弄明，弄明生白犬，白犬有牝牡，是为犬戎，肉食。有赤兽，马状无首，名曰戎宣王尸。

清·汪绂图本

清《禽虫典》

威姓少昊之子

【经文】

《大荒北经》：有人一目，当面中生，一曰是威姓，少昊之子，食黍。

明 · 蒋应镐绘图本

苗民

【经文】

《大荒北经》：西北海外，黑水之北，有人有翼，名曰苗民。颛顼生驩头，驩头生苗民，苗民釐姓，食肉。

清·四川成或因绘图本

明·蒋应镐绘图本

清《边裔典》

烛龙

【经文】

《大荒北经》：西北海之外，赤水之北，有章尾山。有神，人面蛇身而赤，直目正乘，其瞑乃晦，其视乃明，不食不寝不息，风雨是谒。是烛九阴，是谓烛龙。

明·蒋应镐绘图本

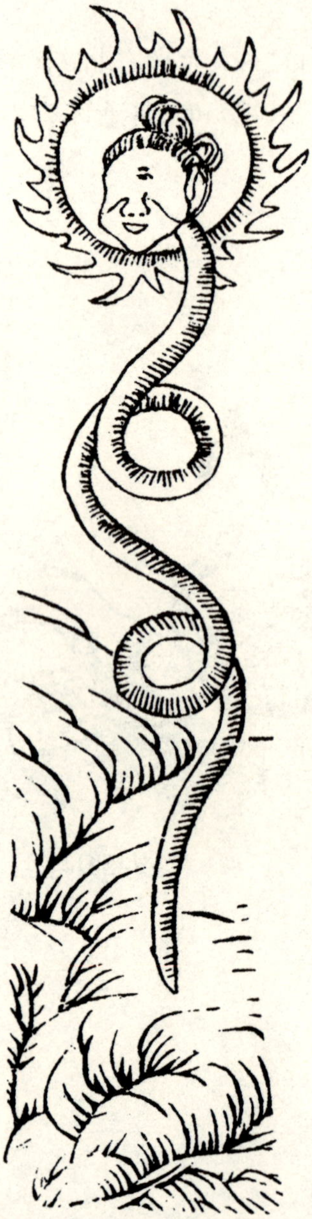

清·四川成或因绘图本

第十八卷　海内经

韩流

【经文】

《海内经》：流沙之东，黑水之西，有朝云之国、司彘之国。黄帝妻雷祖，生昌意，昌意降处若水，生韩流。韩流擢首、谨耳、人面、豕喙、麟身、渠股、豚止，取淖子曰阿女，生帝颛顼。

明·蒋应镐绘图本

清·四川成或因绘图本

清·汪绂图本

柏子高

【经文】

《海内经》：华山青水之东，有山名曰肇山，有人名曰柏子高，柏子高上下于此，至于天。

清·四川成或因绘图本

清·汪绂图本

蝡蛇

【经文】

《海内经》：有灵山，有赤蛇在木上，名曰蝡蛇，木食。

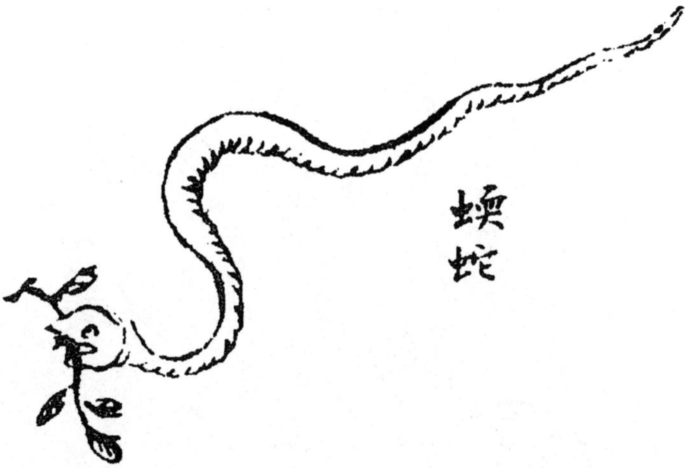

清·汪绂图本

鸟氏

【经文】

《海内经》：有盐长之国。有人焉鸟首，名曰鸟氏。

明·蒋应镐绘图本

清·四川成或因绘图本

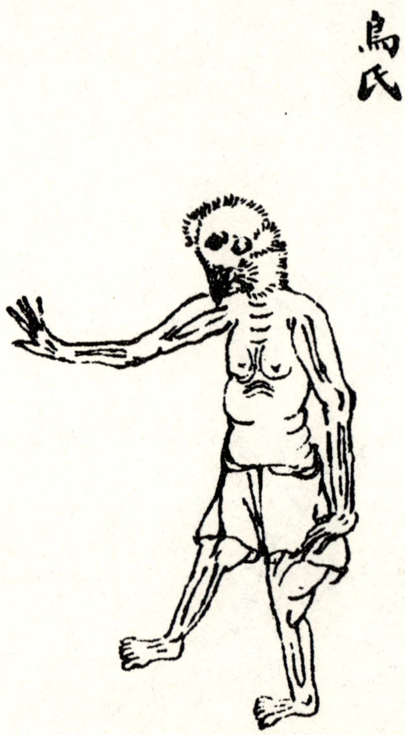

清·汪绂图本

清《边裔典》

黑蛇

【经文】

《海内经》：又有朱卷之国。有黑蛇，青首，食象。

清·汪绂图本

黑人

【经文】

《海内经》：南方，又有黑人，虎首鸟足，两手持蛇，方啖之。

明・胡文焕图本

清·四川成或因绘图本

清·汪绂图本

明·蒋应镐绘图本

羸民

【经文】

《海内经》：有羸民，鸟足。

明·蒋应镐绘图本

清·汪绂图本

清《边裔典》

封豖

【经文】

《海内经》: 有嬴民，鸟足。有封豖。

清 · 汪绂图本

延维

【经文】

《海内经》：有人曰苗民。有神焉，人首蛇身，长如辕，左右有首，衣紫衣，冠旃冠，名曰延维，人主得而飨食之，伯天下。

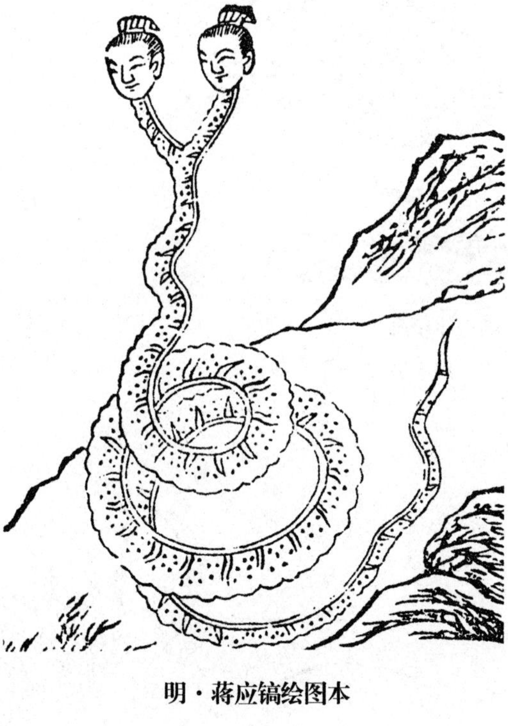

明·蒋应镐绘图本

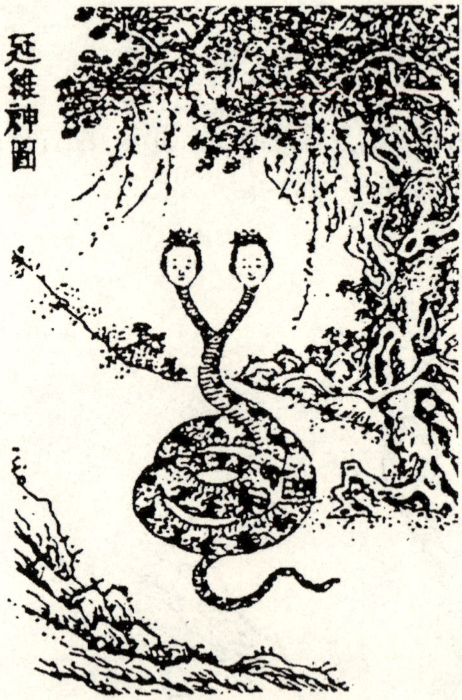

清《神异典》

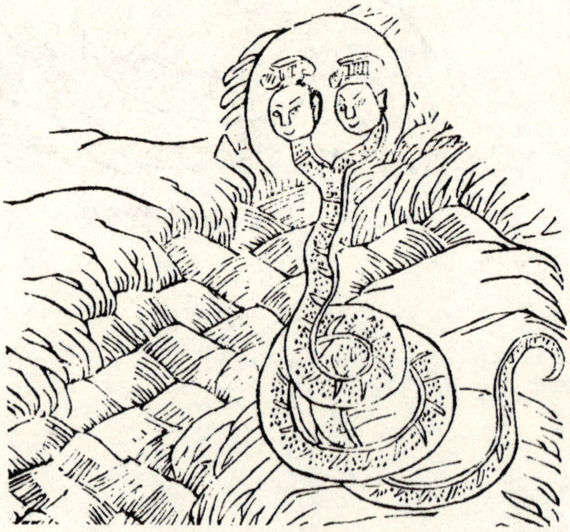

清·四川成或因绘图本

清·汪绂图本

菌狗

【经文】

《海内经》: 又有青兽如菟，名曰菌狗。

清·汪绂图本

清《禽虫典》

孔鸟

【经文】

《海内经》: 有翠鸟。有孔鸟。

清·汪绂图本

清《禽虫典》

翳鸟

【经文】

《海内经》：北海之内，有蛇山者，有五采之鸟，飞蔽一乡，名曰翳鸟。

明 · 蒋应镐绘图本

清·四川成或因绘图本

翳鳥

清·汪绂图本

相顾尸

【经文】

《海内经》：北海之内，有反缚盗械、带戈常倍之佐，名曰相顾之尸。

清・汪绂图本

氐羌

【经文】

《海内经》：伯夷父生西岳，西岳生先龙，先龙是始生氐羌，氐羌乞姓。

清 · 汪绂图本

玄豹

【经文】

《海内经》: 北海之内，有山，名曰幽都之山，黑水出焉。其上有玄（元）豹。

明 · 胡文焕图本

清 · 汪绂图本

玄虎

【经文】

《海内经》：北海之内，有山，名曰幽都之山，黑水出焉。其上有玄（元）虎。

清·汪绂图本

玄狐

【经文】

《海内经》：北海之内，有山，名曰幽都之山，黑水出焉。其上有玄（元）狐蓬尾。

明·胡文焕图本

清·汪绂图本

玄丘民

【经文】

《海内经》: 北海之内，有大玄之山，有玄（元）丘之民。

清 · 汪绂图本

元丘國

清《边裔典》

赤胫民

【经文】

《海内经》：北海之内，有山，名曰幽都之山，黑水出焉。有大幽之国。有赤胫之民。

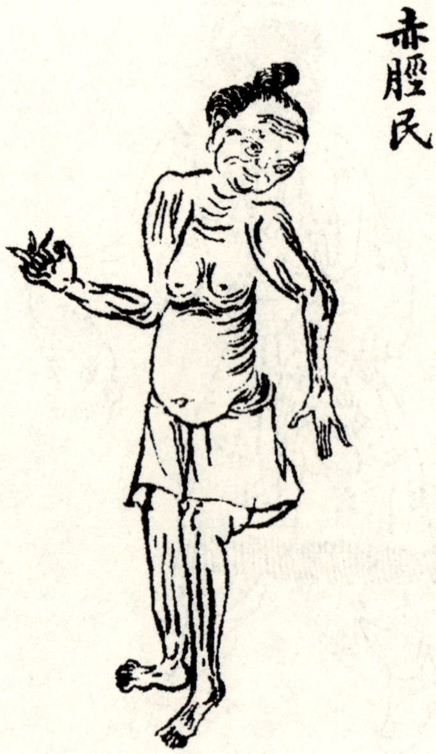

清·汪绂图本

钉灵国

【经文】

《海内经》：有钉灵之国，其民从膝以下有毛，马蹄，善走。

明 · 蒋应镐绘图本

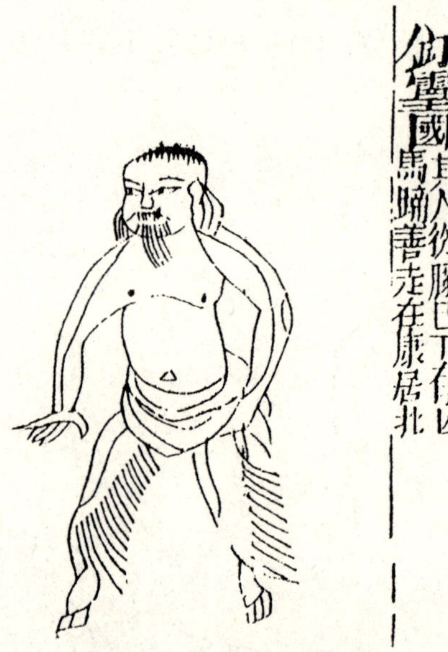

清·吴任臣近文堂图本

清·四川成或因绘图本

釘靈

清·汪绂图本

清《边裔典》